Canards du Quercy

Chansons vertes
et autres textes engagés

l'écologie française en chansons

Table page 136

Du même auteur*

Certaines œuvres sont connues sous différents titres.

Romans

La Faute à Souchon : (Le roman du show-biz et de la sagesse)
Quand les familles sans toit sont entrées dans les maisons fermées
Liberté j'ignorais tant de Toi (Libertés d'avant l'an 2000)
Viré, viré, viré, même viré du Rmi !
Ils ne sont pas intervenus (Peut-être un roman autobiographique)

Théâtre

Neuf femmes et la star
Les secrets de maître Pierre, notaire de campagne
Ça magouille aux assurances
Chanteur, écrivain : même cirque
Deux sœurs et un contrôle fiscal
Amour, sud et chansons
Pourquoi est-il venu :
Aventures d'écrivains régionaux
Avant les élections présidentielles
Scènes de campagne, scènes du Quercy
Blaise Pascal serait webmaster
Trois femmes et un Amour
J'avais 25 ans
« Révélations » sur « les apparitions d'Astaffort » Jacques Brel / Francis Cabrel

Théâtre pour troupes d'enfants

La fille aux 200 doudous
Les filles en profitent
Révélations sur la disparition du père Noël
Le lion l'autruche et le renard,
Mertilou prépare l'été
Nous n'irons plus au restaurant

* extrait du catalogue, voir page 141

4

Stéphane Ternoise

Chansons vertes
et autres textes engagés

l'écologie française en chansons

7 octobre 2013

Jean-Luc PETIT Editeur / livrepapier.com

Stéphane Ternoise
versant
chansons :

http://www.chansons.org

Tout simplement et logiquement !

Site officiel : http://www.ecrivain.pro

Stéphane Ternoise

Chansons vertes
et autres textes engagés

l'écologie française en chansons

http://www.ecologiste.net

http://www.chansonsvertes.com

Chemin du Quercy

Stéphane Ternoise

Chansons vertes
et autres textes engagés

http://www.chansonsvertes.com fut lancé le 10 juin 2007, pour essayer de trouver des partenaires à un projet d'album « engagé.» Engagé versant réflexion planétaire. Les majors et de nombreux producteurs « indépendants » ont reçu la carte postale « chansons vertes » éditée pour l'occasion, avec des textes… Sûrement ces *bienfaiteurs de la chanson* ont d'autres préoccupations.
Régulièrement, des compositeurs ou interprètes enthousiastes me contactent : un de ces textes les a remués. Mais pour l'instant, rien n'est sorti ni chanté sur scène, même si Blondin (http://www.chansonnier.fr) a quasiment finalisé la maquette d'un album dans lequel figurent *les ruisseaux et Les tortionnaires de la terre.*

De nombreux sites où vous pouvez découvrir plus de textes, certains même « engagés » comme http://www.chansonspolitiques.com d'autres plus généralistes genre http://www.auteurdechansons.net mais cette sélection vous fournit aussi une grille de lecture de mes engagements.

Prendre de l'eau dans une main pour la boire,
geste ancestral, désormais dangereux

Chansons vertes

Indifférentes aux éoliennes, les vaches du Pas-du-Calais

Il sera trop tard

Quand la mousson réduira en mousses nos moissons
Quand notre peau ne pourra plus supporter les jours d'été
Qu'un voile masquera les étoiles
Et que même les grands bateaux s'englueront dans l'eau

Trop tard
Il sera trop tard
Les enfants ne pourront croire
Qu'un jour la terre
Fut comme dans les documentaires
Qu'un jour sur terre
Respirèrent
Rousseau et Voltaire

Quand des bunkers vendront des heures de silence
Quand une bouteille d'eau coûtera plus cher qu'un plein
d'essence
Les moustiques tueront d'une seule pique
Et la musique sortira des usines à fric

Trop tard
Il sera trop tard
Les enfants ne pourront croire
Qu'un jour la terre
Fut comme dans les documentaires
Qu'un jour sur terre
Respirèrent Rousseau et Voltaire

Quand les termites ras'ront plus vite qu'la dynamite
Quand en face du fanatisme y'aura plus que le bêtisme
Quand les glaciers auront fondu
Et que Marcel Proust ne sera même plus lu

Trop tard Il sera trop tard Les enfants ne pourront croire
Qu'un jour la terre Fut comme dans les documentaires
Qu'un jour sur terre Respirèrent Rousseau et Voltaire

13

Fruits et légumes aux pesticides

Officiellement c'est pour mon bien
Alors bon moi je veux bien
Manger mes cinq fruits et légumes quotidiens
Mais cinq fruits et légumes quotidiens
Ça fait dans les combien
D'affreux pesticides ?

Soyez honnêtes et plus lucides
Aucune étude ne valide
Votre théorie des pesticides homicides
Allons ne soyez pas stupides
Veuillez dire grand merci
A nos industries

Les pesticides
Sont peut-être bons pour les androïdes
Pour les humains c'est pas certain
Tant pis pour les ruisseaux les nappes phréatiques
Déverser des seaux de pesticides c'est bien plus
économique
Peste peste peste Pesticides
Peste peste peste Pesticides

Qui veut prouver qu'les pesticides
Sont aussi des homicides
Devra trouver un échantillon témoin
Sans trace de pesticides dans le sang
A part chez les marciens
Sont omniprésents

Il faut bien nourrir la nation
Fournir des fraises hors-saison
Ne chipotons pas pour un peu de poison
Trois milliards d'humains supplémentaires
Et des carburants verts
Faudra bien s'y faire

Les pesticides
Sont peut-être bons pour les androïdes
Pour les humains c'est pas certain
Tant pis pour les ruisseaux les nappes phréatiques
Déverser des seaux de pesticides c'est bien plus
économique
Peste peste peste Pesticides
Peste peste peste Pesticide

On laisse détruire l'indispensable

On veut du gaz et du pétrole
Il faut qu'elles roulent nos bagnoles
Il faut bien se chauffer l'hiver
Et que l'économie soit prospère

Pour tout c'qu'on croit nécessaire
On laisse détruire l'indispensable
On sacrifie même la terre
Pour des plaisirs disons minables

On veut des fruits qui s'exposent
Aussi beaux qu'les bouquets de roses
Les pesticides feront l'affaire
On sait qu'les nitrates nourrissent la terre

Pour tout c'qu'on croit nécessaire
On laisse détruire l'indispensable
On sacrifie même la terre
Pour des plaisirs disons minables

En hiver on veut des tomates
Faut qu'les fraises soient écarlates
On veut skier dans le désert
Noël et son conifère bien vert

Pour tout c'qu'on croit nécessaire
On laisse détruire l'indispensable
On sacrifie même la terre
Pour des plaisirs disons minables

Vive la pollution !

C'est super bon pour l'économie, la pollution
Après y'a des maladies
Et nous les soignons
Après y'a des agonies
Et nous les enterrons
N'ayez aucun souci
De tout nous nous occupons

C'est super bon pour l'économie, la pollution
Y'a des manifestations
Ça brûle et ça casse
Quelques belles déclarations
Faut qu'les gens s'y fassent
Nous nettoyons réparons
Et ainsi tout recommence

Naturellement nous avons vocation
A servir toutes les nations
Naturellement nous offrons de belles commissions
Aux braves élus favorables à nos ambitions

C'est super bon pour l'économie, la pollution
Après faut dépolluer
Ça fait du travail
Pour qui sait dépolluer
Travaux pour nos filiales
A nous les subventions
Au nom d'la dépollution

Nous avons su nous rendre indispensables
Santé eau air énergie
Sont nos compétences les plus présentables rentables
Telles les fourmis nous prospérons sans faire de bruit

C'est super bon pour l'économie, la pollution
Après y'a des maladies
Et nous les soignons
Après y'a des agonies
Et nous les enterrons
N'ayez aucun souci
De tout nous nous occupons

Les Ruisseaux sont asséchés

Les ruisseaux sont asséchés
Faut surtout pas pleurnicher
A la mairie on répond
C'est comme ça en cette saison

Oui désormais fin d'été
Ici l'eau a déserté
C'est pas une fatalité
L'temps des poissons a existé

C'était vallée aux fruitiers
Des pommiers des abricotiers
Mais ils ont tout arraché
Y'avait des primes à empocher

Et depuis c'est le maïs
Le champion du bénéfice
Peu importent les préjudices
Faut qu'en eau l'maïs se nourrisse

Oui désormais fin d'été
Ici l'eau a déserté
C'est pas une fatalité
L'temps des poissons a existé

Les maïs sont irrigués
Les ruisseaux sont asséchés
Monsieur l'maire est souriant
Ses électeurs ont du rend'ment

C'était vallée aux fruitiers
Des pommiers des abricotiers
Mais ils ont tout arraché
Y'avait des primes à empocher

Oui désormais fin d'été
Ici l'eau a déserté
C'est pas une fatalité
L'temps des poissons a existé

Compositeur : Jean-Luc Deront (Blondin)
Arrangeur : Yannick Tanga (Vita)

Les tortionnaires de la terre

Leur a fallu des ministères
Pour comprendre qu'on a une seule terre
Si on les laisse faire leurs affaires
Faut stériliser les enfants

Faut pas nous prendre pour des Drucker
Nous caresser comme des cockers
Vos discours sur l'environnement
Ce ne sont que des boniments

Salut à vous les tortionnaires
Les tortionnaires de la Terre
Vous avez dévoré nos sols, contaminé diaboliquement

OK pour une journée d'la Terre
Répertoriez donc son calvaire
Pour la toussaint d'la mer photographiez le cimetière
géant

La fonte des glaciers s'accélère
Et prolifèrent les cancers
Tandis qu'les brigands de pollueurs offrent à leurs
maîtresses des diamants

Les vaches sont leur bouc-émissaire
Leur digestion pas exemplaire
Même devant les bouleversements ils contestent l'évident

Salut à vous les tortionnaires
On ne va plus se laisser faire
S'il le faut on sera violent on piss'ra sur les arrogants

OK pour une journée d'la Terre
Mais sans Kouchner sur France-Inter
Occident c'est pas un accident si y a plus de printemps

Faut-il donner aux pères aux mères
Des utopies très mensongères
Pour qu'ils cachent à leurs enfants que le futur est
effrayant

Parlementaires et hommes d'affaires
Je vous méprise sans colère
Vous avez trahi l'Humanité vous n'êtes plus que morts-
vivants

La terre n'est plus qu'un grabataire
Paradis fragile comme du verre
Mais elle peut détruire les tarés dans un ultime enlisement

Et si l'on se prenait pour Voltaire
Qu'on essayait d' sauver la terre
Qu'on renversait l'gouvernement, guitare ciel bleu et
rantanplan

Compositeur : Jean-Luc Deront (Blondin)
Arrangeur : Yannick Tanga (Vita)

Poissons manifestations

Paraît qu'y'a des manifs
Au fond des océans
Des océans radioactifs
Des poissons aux hommes
Lancent un ultimatum
« Arrêtez le poison
Sinon nous coulerons
Toutes vos embarcations »

Manifestons manifestons
Se sont dits les poissons
Manifestons
Ainsi nous passerons
À la télévision

Des poissons par centaines
Ont leur combinaison
Combinaison sur-terrienne
Prêts aux sacrifices
Combats feu d'artifice
A renvoyer aux hommes
Tout ce qui les dégomme
Kilos d'uranium

Manifestons manifestons
Se sont dits les poissons
Manifestons
Ainsi nous passerons
À la télévision

Se désaltérer

Ils dépensent des millions
Pour acquérir des tableaux
Un jour ils les échangeront
Contre un petit pack d'eau

Comme la spéculation
S'empare du moindre marché
Plutôt qu'miser sur des fonds d'pension
Allez réfléchissez

Un jour sous le soleil
Des pollueurs assoiffés
Lutteront pour l'essentiel
Se désaltérer

Les raisins désaltèrent
Mais les vignes sont arrachées
Des subventions préparent not' misère
C'est la loi du marché

Pesticides et nitrates
Ont fait bien des millionnaires
Avec des pratiques dignes des pirates
Ont saccagé la terre

Un jour sous le soleil
Des pollueurs assoiffés
Lutteront pour l'essentiel
Se désaltérer

Le Vent (notre ennemi)

Il pleut si seulement c'était que de l'eau
Fait beau si seulement on pouvait bronzer
Le vent bien trop souvent contre nous se lève

Le vent si captivant
Je vais au devant
Les cheveux au vent
Le vent est aussi
Notre ennemi

Le vent bien trop souvent contre nous se lève
Eh oui tout ce qu'ils rejettent retombe sur quelqu'un
Tout c'qu'ils rejettent aux humains fait pas qu'du bien

Le vent si captivant
Je vais au devant
Les cheveux au vent
Le vent est aussi
Notre ennemi

Reste la solution de ne plus sortir
Mais où mettre le nez sur l'air qui se respire
Y'a plus qu'à en appeler au grand magicien

Le vent si captivant
Je vais au devant
Les cheveux au vent
Le vent est aussi
Notre ennemi

Le vent si seulement rien qu'une semaine
Il pouvait s'arrêter couper les moteurs
On aurait pas de peine pour les pollueurs

Le vent si captivant...

Les poules municipales

Il est sûrement des rapprochements
Que les élus
Préfèrent trouver farfelus
Mais les idées originales
Ont l'avenir mondial

Ainsi d'un côté
Des tonnes de déchets
Déchets alimentaires
Dont on ne sait que faire
Qu'il faut bien détruire
On n'peut pas tout enfouir

Pendant ce temps-là
Dans nos magasins
On vend pour presque rien
Des œufs qu'une poule fermière
N'os'rait nous sortir
De son petit derrière

Il est sûrement des rapprochements
Que les élus
Préfèrent trouver farfelus
Mais les idées originales
Ont l'avenir mondial

J'exige un décret
Gouvernemental
Une mesure radicale
Pour le bien des cités
Il faut instaurer
Les poules municipales

Les restes de salades
Les restes de grillades
Tout va à la brigade
Des poules municipales
Tout est recyclé
Plus besoin de brûler

Il est sûrement des rapprochements
Que les élus
Préfèrent trouver farfelus
Mais les idées originales
Ont l'avenir mondial

Où les installer ?
On va me d'mander
Dans chaque commissariat
Y'a bien un p'tit local
On pourrait mettre là
Les poules municipales

J'exige un décret
Gouvernemental
Une mesure radicale
Pour le bien des cités
Il faut instaurer
Les poules municipales

Il est sûrement des rapprochements
Que les élus
Préfèrent trouver farfelus
Mais les idées originales
Ont l'avenir mondial

Voyager tue

Marcher dans ces rues
Est conseillé
Par l'industrie touristique
Pourtant sur l'échelle des risques
C'est comme se griller
Un maudit paquet de « fumer tue »

C'est pas demain la veille
Qu'on lira sur les pubs des villes
« Venir ici tue »
Voyagerais-tu
Si tu savais
Que voyager tue ?

L'image d'un pays
Dit touristique
D'une certaine qualité d'vie
Tell'ment d'emplois sont en jeu
Que mentir un peu
Est dans la logique économique

C'est pas demain la veille
Qu'on lira sur les pubs des villes
« Venir ici tue »
Voyagerais-tu
Si tu savais
Que voyager tue ?

Marcher dans ces rues
Est conseillé
Par l'industrie touristique
Pourtant sur l'échelle des risques
C'est comme se griller
Un maudit paquet de « fumer tue »
C'est pas demain la veille

Qu'on lira sur les pubs des villes
« Venir ici tue »
Voyagerais-tu
Si tu savais
Que voyager tue ?

Le goût de la terre

« Regarde la pluie
Elle désaltère la terre »
C'était le refrain de mon grand-père
Et sa terre il la goûtait
Savait la reconnaître les yeux fermés
Croyez pas qu'y'était zinzin
C'était pareil chez les voisins
On goûtait la terre
On savait c'qu'on lui devait (bis)

Comment voulez-vous
Qu'ses fruits soient purs
Si comme des fous
Vous saccagez la nature
Si vous laissez les voyous
Massacrer à vivre allure

« Regarde la pluie
Elle désaltère la terre »
C'était le refrain de mon grand-père
Hier sa terre je l'ai goûtée
J'savais la reconnaître les yeux fermés
C'est toujours un peu sa terre
Mais elle a le goût du cancer
La pluie c'est la mort
Ils nous empoisonnent encore (bis)

Comment voulez-vous
Qu'ses fruits soient purs
Si comme des fous
Vous saccagez la nature
Si vous laissez les voyous
Massacrer à vivre allure

Trier est-ce suffisant ?

Dans chaque département
Le président du Conseil Général
A le sourire du premier d'la classe génial
Pour nous présenter son slogan

Triez vos déchets
Et la pollution va reculer
Triez vos déchets
C'est pas sorcier
Tout l'monde est content
D'son p'tit geste pour l'environnement
Y croient-ils vraiment ?
Font-ils semblant ?

Faut les incinérer
Toutes nos tonnes de déchets alimentaires
Après on s'étonne qu'les chanteuses vitupèrent
Rappellent qu'on pourrait recycler

Et si vos vieilles pizzas
Le matin vous marchiez pour les porter
Au collège au lycée ou au commissariat
Partez pas j'vais vous expliquer

Triez vos déchets
Et la pollution va reculer
Triez vos déchets
C'est pas sorcier
Tout l'monde est content
D'son p'tit geste pour l'environnement
Y croient-ils vraiment ?
Font-ils semblant ?

Des poules et des poulets
Nourris de nos déchets alimentaires
On te donne des œufs si tu portes tes déchets
Des œufs pas comme dans les hypers

Les poules municipales
Moi je vous propose qu'on les installe
Dans les commissariats, collèges, les écoles
Bien sûr au Conseil Général

Triez vos déchets
Et la pollution va reculer
Triez vos déchets
C'est pas sorcier
Tout l'monde est content
D'son p'tit geste pour l'environnement
Y croient-ils vraiment ?
Font-ils semblant ?

Le poulet à mille pattes

En 27 jours ils te font
Un poulet pour les rayons
Des supers des hypers
Alors que dans le coin
27 jours c'est un poussin
Elle en sait rien la ménagère

Comme elle voit qu'il est moins cher
Qu'est-ce qu'elle fait la ménagère ?
Elle prend le p'tit poulet
Elle est habituée
Pour moi c'est comme du plastique
Elle répond économique

Un poulet à vingt pattes
Ce s'rait bien plus pratique
Un poulet à cent pattes
Ce s'rait magique
Et un poulet à mille pattes
Ce s'rait une vraie usine à fric

Un jour il suffira
D'ajouter les gènes d'un mille-pattes
Dans un œuf fécondé
Et on obtiendra
Le poulet à mille pattes
Le poulet à mille pattes (ter)

Cuisses de poulet en promo
Du vrai certifié bio
Le bio des usines
Mais sans dioxine
Consommateurs rassurés
C'est du chiffre d'affaire assuré
Elle gobe tout la ménagère

Elle a lu dans une revue
Qu'les normes de l'industrie
Sont un gage de longue vie
Cahier des charges de mille pages
Ça doit plaire comme du Sullitzer

Un jour il suffira
D'ajouter les gènes d'un mille-pattes
Dans un œuf fécondé
Et on obtiendra
Le poulet à mille pattes
Le poulet à mille pattes (ter)

Un poulet à vingt pattes
Ce s'rait bien plus pratique
Un poulet à cent pattes
Ce s'rait magique
Et un poulet à mille pattes
Ce s'rait une vraie usine à fric

Un jour il suffira
D'ajouter les gènes d'un mille-pattes
Dans un œuf fécondé
Et on obtiendra
Le poulet à mille pattes
Le poulet à mille pattes (ter)

Vacances et pleins d'essence

Bien sûr ils s'autoproclament écologistes
Mais les vacances c'est les vacances
Alors ils passent chez l'garagiste
Tout vérifier c'est ça l'urgence

Vacances et pleins d'essence
On veut tous nos vacances
C'est la grande transhumance
Vacances et pleins d'essence
Il faut rouler rouler rouler
Visiter visiter
Tout c'qu'on pourra raconter

Comme les raffineurs se moquent de leurs arguments
Et qu'les caissiers sont salariés
Ils râlent cont' le gouvernement
Voudraient l'carburant détaxé

Vacances et pleins d'essence
On veut tous nos vacances
C'est la grande transhumance
Vacances et pleins d'essence
Il faut rouler rouler rouler
Visiter visiter
Tout c'qu'on pourra raconter

Tellement de déplacements inutiles
Au grand nom de la distraction
Ils foncent de ville en ville
Bien sûr maudiront les bouchons

Vacances et pleins d'essence
On veut tous nos vacances
C'est la grande transhumance
Vacances et pleins d'essence

35

Il faut rouler rouler rouler
Visiter visiter
Tout c'qu'on pourra raconter

Depuis qu'les vacances sont l'opium des classes
moyennes
Réclament pouvoir d'achat et temps
Tous les mois voudraient qu'ça revienne
Quel beau modèle cet Occident

Vacances et pleins d'essence
On veut tous nos vacances
C'est la grande transhumance
Vacances et pleins d'essence
Il faut rouler rouler rouler
Visiter visiter
Tout c'qu'on pourra raconter

Cent douze œufs par jour

Sûr s'élèveront quelques cris
Des écolos bovétisés
Ils se sont toujours opposés au progrès
Confrérie des nostalgiques de la bougie

Les famines j' vous jure sont fines
Avec la poule pondeuse DIDON
Suffit d'ajouter à sa ration d' plancton
Juste un peu d'uranium appauvri

La poule pondeuse
A cent douze pontes par jour
Elle est dans nos cartons
Et en plus cuisinières soyez heureuses
Jamais plus vos œufs cuits durs
Ne casseront
Jamais plus vos œufs cuits durs
Ne casseront

Scientifiques sont catégoriques
Pas le moindre risque sanitaire
Nous avons testé sur lapins et hamsters
Mortalité acceptable en Répufric

La poule pondeuse
A cent douze pontes par jour
Elle est dans nos cartons
Et en plus cuisinières soyez heureuses
Jamais plus vos œufs cuits durs
Ne casseront
Jamais plus vos œufs cuits durs
Ne casseront

Dès qu'on a l'autorisation
On va se faire un fric d'enfer
Je crois qu'il vaut mieux prendre le premier charter
En Asie on sait faire taire les opinions

La poule pondeuse
A cent douze pontes par jour
Elle est dans nos cartons
Et en plus cuisinières soyez heureuses
Jamais plus vos œufs cuits durs
Ne casseront
Jamais plus vos œufs cuits durs
Ne casseront

Des bananiers des ananas

Puisqu'y'a pas d'raison
Que tombe la sagesse sur les humains
Puisqu'y'a pas d'raison
Qu'on n'aille pas où l'on va tout droit
Plantez donc dans vos jardins
Plantez donc en mai sur vos balcons
Des bananiers et des ananas

Dans quelques décennies
En plein cœur de Paris
Les enfants des grands ânes
Récolteront des bananes
Durant quelques décennies
Y'aura d'la joie sur les étals
Dans l'hexagone tropical

Si toute la planète
Vivait comme vivent les grands notables
Faudrait cinq planètes
Pour que malgré la pollution
Y'ait un peu d'air respirable
Mais comme y'a pas d'place sur les comètes
Les enfants des cons suffoqueront

Dans quelques décennies
En plein cœur de Paris
Les enfants des grands ânes
Récolteront des bananes
Durant quelques décennies
Y'aura d'la joie sur les étals
Dans l'hexagone tropical

Puisqu'y'a pas d'raison
Que tombe la sagesse sur les humains
Puisqu'y'a pas d'raison

Qu'on n'aille pas où l'on va tout droit
Plantez donc dans vos jardins
Plantez donc en mai sur vos balcons
Des bananiers et des ananas

Dans quelques décennies
En plein cœur de Paris
Les enfants des grands ânes
Récolteront des bananes
Durant quelques décennies
Y'aura d'la joie sur les étals
Dans l'hexagone tropical

Des fruits pour faire du fric

Même cueilli beaucoup trop tôt
Même après des mois dans un frigo
Un fruit indigne de ce nom
S'appelle toujours un fruit dans les rayons

Les fruits cueillis encore fades
Seront conservés en chambre froide
Jusqu'à l'arrivée des pigeons
C'est pas bon mais ça rapporte du pognon

Des fruits pour faire du fric
Gorgés de soleil sur les photos
Méthodes industrielles dans les plateaux
Tour de passe-passe toléré par la République

Faut que le fruit soit bien dur
Sinon il devient d'la confiture
Dans les camions dans les rayons
Exigence de la grande distribution

Personne n'ose leur imposer
Une date de cueillette clair'ment notée
La fraîcheur c'est moins d'une semaine
Mais la vérité on la malmène

Des fruits pour faire du fric
Gorgés de soleil sur les photos
Méthodes industrielles dans les plateaux
Tour de passe-passe toléré par la République

Aux marchés nos paysans
Ont laissé la place à leurs enfants
Et les enfants suivent le progrès
Croient que les producteurs doivent s'adapter

D'la cueillette à l'aveuglette
Dans une chambre froide on les jette
Et on balance aux vacanciers
Avec une étiquette « fruits du pays »

Des fruits pour faire du fric
Gorgés de soleil sur les photos
Méthodes industrielles dans les plateaux
Tour de passe-passe toléré par la République

C'n'est plus une question de prix
Leur mauvais goût nous dégoûte des fruits
En boîtes ils sont meilleurs que frais
Les supers hypers marchés ont gagné

Des fruits pour faire du fric
Gorgés de soleil sur les photos
Méthodes industrielles dans les plateaux
Tour de passe-passe toléré par la République

Slogans stupides veulent sauver la planète

Arrêtez vos slogans stupides
Du genre "sauvons la planète"
Ce ne sont que des mots vides
Baratin des cupides, veulent rester vedettes

Elle s'en fout la planète
De nos prises de tête
Cinquante degrés de plus ou en moins
Elle tournerait aussi bien sans humains

Elle tourne depuis des millénaires
Même nos bombes et nos fusées
Ça l'indiffère bien la terre
Une seule chose à sauver, c'est l'humanité

Elle s'en fout la planète
De nos prises de tête
Cinquante degrés de plus ou en moins
Elle tournerait aussi bien sans humains

Arrêtez vos slogans stupides
Vos permis de polluer
Arrêtez les homicides
Une seule chose à sauver, c'est l'humanité

Elle s'en fout la planète
De nos prises de tête
Cinquante degrés de plus ou en moins
Elle tournerait aussi bien sans humains

Des criquets et des poussins

Le concert des criquets
Est exonéré de droits sacem
Mais les concerts de criquets
Pas un agriculteur ne les aime

Nous ne sommes pas méchants
Mais les criquets mangent notre blé
Et moins de blé dans les champs
C'est moins de blé sous leur oreiller

Exterminez les criquets
C'est le cri du cœur
Des agriculteurs

Si nous vendons moins d'blé
Comment le boulanger f'ra son pétrin
Comment les poules les poulets
Auront la gave comme une miche de pain

Avec un peu moins d'blé
Le pain sera toujours disponible
Et nous serons même comblés
Si c'est du pain sans pesticide

Quant aux poules et poussins
Pourquoi encore leur donner du blé
Moi qui les sors chaque matin
J'sais qu'ils préfèrent manger des criquets

Exterminez les criquets
C'est le cri du cœur
Des agriculteurs

Laissez vivre les criquets
Piégez-les quand ils sont bien dodus
Vous verrez que vos poulets

Chanteront mieux qu'le chanteur moustachu
(Ou chanteront mieux qu'les chanteurs méconnus)

Le concert des criquets
Est exonéré de droits sacem
Et les concerts de criquets
Même les filles d'agriculteurs les aiment

Exterminez les criquets
C'est le cri du cœur
Des agriculteurs

Les empoisonneurs seront les payeurs

Quand les empoisonneurs
Sont les premiers empoisonnés
On pourrait espérer
Que leurs successeurs
Respectent les consommateurs

Comme leurs parents
Les enfants des empoisonneurs aiment l'argent
Les enfants des empoisonnés
S'en foutent d'être empoisonneurs
Pourvu qu'ils fassent leur beurre

Ils se croient protégés
Leur cabine d'air conditionné
Leurs tenues d'astronaute
Bien droit dans leurs bottes
Personne leur passe les menottes

Si les empoisonneurs
On leur donne la légion d'honneur
Changeons de président
Les empoisonneurs
Un jour seront les payeurs

Comme leurs parents
Les enfants des empoisonneurs aiment l'argent
Les enfants des empoisonnés
S'en foutent d'être empoisonneurs
Pourvu qu'ils fassent leur beurre

Les baleines bélugas

Les baleines bélugas
Sont hors-la-loi
Mais personne là-bas
Là-bas au Canada
Ne les accusera
Elles n'ont même pas le droit
A un avocat
Vu que ces gens-là
Faut les payer
Et qu'les baleines bélugas
Même leur peau personne n'en voudra
Vu qu'les baleines bélugas
C'est dramatique
Les baleines bélugas
Au regard de la loi
Sont des déchets toxiques

Les baleines bélugas du Saint Laurent
Ont ingurgité tant de PCB
Aussi appelés Polluants Organiques Persistants
Parfois on boit et on sait pas c'qu'on boit
C'est pas marrant
Baleine béluga du Saint Laurent

Les baleines bélugas
Sont chocolat
Sous nos caméras
Elles nagent comme autrefois
Elles n'ont pas le choix
Mais nous ne voyons pas
Qu'notre tour viendra
Tout l'n'importe quoi
On le payera
Comme les baleines bélugas

A l'agonie on dansera
Comme les baleines bélugas
C'est dramatique
Toi comme moi on sera
Complét'ment aux abois
De vrais déchets toxiques

Les baleines bélugas du Saint Laurent
Comme les retraités et comme les bébés
Tous gavés de polluants de cancérisants
Parfois on boit et on sait pas c'qu'on boit
C'est pas marrant
Vivants au pays des inconscients

Autres textes… engagés

Lavoir
Mas de Jarlan
(Vidaillac)

La bête immonde maquillée

C't'en traînant les pieds le plus souvent
Qu'on fait son devoir dans l'isoloir
On exprime son mécontentement
On vote comme des sans-mémoire

Comment choisir, ma foi
Ce sont des clones, quelquefois

Démocratie
Rien n'est écrit
On se croit à l'abri
D'une agonie
La bête immonde est maquillée

En présentant des incompétents
En soutenant un magouilleur notoire
Les grands partis font l'jeu des truands
Offrent aux extrêmes un boulevard

Je doute qu'ils servent l'Etat
Avec leurs montres Séguéla

Démocratie
Rien n'est écrit
On se croit à l'abri
D'une agonie
La bête immonde est maquillée

Oligarchie
Clan des nantis
Si l' pays s'assoupit
L'hydre surgit
Sait falsifier endoctriner

Démocratie
Rien n'est écrit
On se croit à l'abri
D'une agonie
La bête immonde est maquillée

Fonctionnaires au RMI

Pensant que la chanson
Puisse servir la réflexion
Candidat à rien du tout
J'abordais donc sans tabou
Le sujet qu'évitent forcément
Tous les gouvernements
Les zones anti-économiques
Dans la fonction publique

Quitte à payer des gens à rien faire
Plutôt sortir des caisses du pays
Un peu plus de R M I
Que des salaires de fonctionnaires

Les avantages acquis
Sur lesquels ils se replient
Par un pouvoir de nuisance
Qui frise parfois l'indécence
Nous les rend plus qu'antipathiques
Quand par convocation
On affronte la rhétorique
De robots sans raison

Quitte à payer des gens à rien faire
Plutôt sortir des caisses du pays
Un peu plus de R M I
Que des salaires de fonctionnaires

J'entends des « pléonasmes »
Quand j'accuse du marasme
Des fonctionnaires inutiles
Dans des bureaux qui brillent
Mais loin de moi l'idée
D'ainsi tout simplifier
Pour sauver le service public
Soyons énergiques

Quitte à payer des gens à rien faire
Plutôt sortir des caisses du pays
Un peu plus de R M I
Que des salaires de fonctionnaires

Les portes fermées

Dès qu'une porte est fermée
C'est le grand attroupement
Faut essayer de la défoncer
En tout cas faut être là
Pour bondir dès qu'elle s'entrouvrira

Dès qu'une porte est fermée
C'est le grand attroupement
On essaye d'entrer par les fenêtres
Il faut à tout prix en être
Approcher the big dieu le maître

Dès qu'une porte est fermée
Je n'suis pas du mouvement
Je passe mon chemin je vais bon train
Parfois j'vais même pas plus loin
Je m'arrête où les portes sont ouvertes

Derrière les portes fermées
J'ai compris depuis bien longtemps
En s'enfermant
Le vide se prétend important
C'est avec cet hameçon
Qu'on ride bien des vocations

Dès qu'une porte est fermée
Je n'suis pas du mouvement
Je passe mon chemin je vais bon train
Parfois j'vais même pas plus loin
Je m'arrête où les portes sont ouvertes

Dès qu'une porte est fermée
J'imagine les gros crétins
Intermédiaires qui se croient malins
Ils attendent un gros pourboire
Pour laisser voir nous faire recevoir

Derrière les portes fermées
J'ai compris depuis bien longtemps
En s'enfermant
Le vide se prétend important
C'est avec cet hameçon
Qu'on ride bien des vocations

Parcours conseillé

Tiens v'là ton dossier
Où y'a des cases à cocher
Tu seras des nôtres
Quand tu auras fait comme les autres

J'ai compris un jour
L'inutilité du parcours
Du parcours fléché
Parcours conseillé

La vie de Stendhal
M'en apprend plus qu'un journal
Des subventionnés
T'expliquent les ficelles du métier

J'ai compris un jour
L'inutilité du parcours
Du parcours fléché
Parcours conseillé

OGM

Au-dessus de notre éthique
Au sujet de la génétique
Les OGM
Malgré nos anathèmes
Sont pour certains pays
Espoir d'autonomie
Autosuffisance
Donc indépendance
Contre ça notre éthique
C'est bernique
Notre éthique
C'est bernique

Une éthique de bien nourris
Là-bas on nous voit ainsi
On gesticule
Et des voitures brûlent
On détruit quelques graines
Les leaders se promènent
Et s'autoproclament
Nouveaux gendarmes
Ils protègent le pays
Ces messies
Le pays
Dit merci

Malgré tous ces anathèmes
OGM pose le vrai problème
Car aujourd'hui
On n'est plus d'un pays
On est d'une planète
La mondialisation
N'est pas la question
Faut vivre ensemble

Y'a pas de frontières
Pour les airs
Tout c'qui erre
Par les airs

Au dessus de notre éthique
Au sujet de la génétique
Les OGM
Malgré nos anathèmes
Au delà du dieu fric
Et même de l'Amérique
On est d'la même terre
On a le même air
Contre ça notre éthique
C'est bernique
Notre éthique
C'est bernique

Je n'suis pas conseiller général

Je n'suis pas conseiller général
J'ai un vrai travail
J'écris des chansons
Qui plaisent pas dans mon canton

Des p'tites chansons
Sur les incohérences
Des petits pions
Qui gangrènent la France
Des petits pions
Imbus de leurs incompétences

Je n'suis pas conseiller régional
J'vis avec que dalle
J'écris des chansons
Qu'ont pas droit aux subventions

Des p'tites chansons
Sur les incohérences
Des petits pions
Qui gangrènent la France
Des petits pions
Imbus de leurs incompétences

Je n'suis pas monsieur le député
Et c'est sans regret
J'crois pas qu'mes chansons
Supporteraient un bâillon

Des p'tites chansons
Sur les incohérences
Des petits pions
Qui gangrènent la France
Des petits pions
Imbus de leurs incompétences

On est toujours le pov' con de quelqu'un

On est toujours le « pov' con » de quelqu'un
Moi j'en connais un
Il méritait bien un refrain
Trois couplets et tin tin

Casse-toi pov'con
Elle disait ma chanson
Mais j'sais pas si on a le droit
De répéter des mots maladroits
Même dans une chanson
Qui pass'ra pas à la télévision

On est toujours le « pov' con » de quelqu'un
Ce matin mon chien
J'l'ai trouvé plus con qu'un humain
Je l'ai surnommé crétin

Casse-toi pov'con
Elle disait ma chanson
Mais j'sais pas si on a le droit
De répéter des mots maladroits
Même dans une chanson
Qui pass'ra pas à la télévision

On est toujours le « pov' con » de quelqu'un
J'sais bien qu'mes voisins
Le fredonnerons sur mon chemin
Cet air qui leur va si bien

Casse-toi pov'con
Elle disait ma chanson
Mais j'sais pas si on a le droit
De répéter des mots maladroits
Même dans une chanson
Qui pass'ra pas à la télévision

Se dire de gauche

Ils ont compris
Qu'il suffit
D'se dire de gauche
Pour s'en mettre plein les poches
Tout en dénonçant
Les excès de l'autre camp

Conseillers généraux
Conseillers régionaux
Un bras d'honneur
A certains sénateurs
Et dans des mairies se sont repliés
Des anciens ou futurs députés
Longue vie
Aux baronnies

Comme ça en jette
L'étiquette
Je suis de gauche
Les autres leurs pensées sont moches
Donnez-moi du temps
Vous verrez que j'aime les gens

Conseillers généraux
Conseillers régionaux
Un bras d'honneur
A certains sénateurs
Et dans des mairies se sont repliés
Des anciens ou futurs députés
Longue vie
Aux baronnies

On sait tous ça
Mais tais-toi
C'est mieux la gauche

Même quand l'élu n'est qu'une cloche
Faut choisir son camp
Fermer les yeux bien souvent

Démocratie
On te nie
Honte à tous ceux
Qui font les extrêmes heureux
Tolérer ces gens
C'est se détruire lentement

Conseillers généraux
Conseillers régionaux
Un bras d'honneur
A certains sénateurs
Et dans des mairies se sont repliés
Des anciens ou futurs députés
Longue vie
Aux baronnies

Touristes et terroristes

Nullement l'intention d'jouer les alarmistes
Perturber les nuits des juilletistes
Naturellement les journalistes
Ne peuvent s'habiller en polémistes
Les touristes tuent bien plus que les terroristes

Les touristes
Tuent bien plus que les terroristes
Hécatombe
On vend de véritables bombes
Chez les garagistes
On vend de véritables bombes
Et les médias
Vivent de ces pubs-là
Les touristes
Tuent bien plus que les terroristes

Le conseil général est fier de financer
Les guillotines départementales
Pendant ce temps-là les voies ferrées
Valent guère plus que le prix d'la ferraille
Inciter au danger et à tout polluer

Les touristes
Tuent bien plus que les terroristes
Hécatombe
On vend de véritables bombes
Chez les garagistes
On vend de véritables bombes
Et les médias
Vivent de ces pubs-là
Les touristes
Tuent bien plus que les terroristes

Il est encore plus dang'reux de prendre son vélo
Que de s'engouffrer dans le métro
Même si pour faire la une des journaux
Faut du sang partout sur les carreaux
Les touristes tuent bien plus que les terroristes

Les touristes
Tuent bien plus que les terroristes
Hécatombe
On vend de véritables bombes
Chez les garagistes
On vend de véritables bombes
Et les médias
Vivent de ces pubs-là
Les touristes
Tuent bien plus que les terroristes

Noël en janvier

Depuis le temps qu'une fois par an
Il vient sur terre
Le père Noël a eu le temps
D'observer nos travers

Le père Noël veut bien faire plaisir aux enfants
Mais il ne veut plus enrichir les marchands
Alors cette année
Le père Noël a décidé
D'attendre qu'les jouets soient soldés
Noël en janvier
Il suffisait d'y penser
Noël en janvier
La vie va changer
Avec Noël en janvier

Puisqu'il doit se fournir sur terre
Mars est si loin
Qu'ici c'est la loi des hypers
Attention margoulins

Puisque dans le prix des jouets
La production
Ne reçoit qu'la menue monnaie
S'rait temps d's' organiser

Le père Noël veut bien faire plaisir aux enfants
Mais il ne veut plus enrichir les marchands
Alors cette année
Le père Noël a décidé
D'attendre qu'les jouets soient soldés
Noël en janvier
Il suffisait d'y penser
Noël en janvier
La vie va changer
Avec Noël en janvier

Depuis le temps qu'une fois par an
Il vient sur terre
Le père Noël a eu le temps
D'observer nos travers

Que pensez-vous du réveillon
Le 16 janvier
Créons des associations
Pour qu'il devienne férié

Le père Noël veut bien faire plaisir aux enfants
Mais il ne veut plus enrichir les marchands
Alors cette année
Le père Noël a décidé
D'attendre qu'les jouets soient soldés
Noël en janvier
Il suffisait d'y penser
Noël en janvier
La vie va changer
Avec Noël en janvier

Les cantons

Comme le déficit budgétaire
Nous dit qu'il est nécessaire
De supprimer
Quelques dépenses superflues
Il serait temps de réaliser
Qu'en France y'a un peu trop… d'élus

Quand on sait qu'les grandes décisions
L'ONU en a la mission
Après j'égrène
T'as l'Union Européenne
L'Elysée Matignon les régions
En a-t-on besoin des… cantons

Les compétences du département
Demandent tout simplement
Une commission
Au sein des régions
Plus besoin d'un bataillon
Pour remuer du vent

La disparition des cantons
S'rait une vraie évolution
Mais cette chanson
Va finir dans un carton
Pour cause d'interdiction d'antenne
Pas d'place pour les idées… qui gênent

Comme le déficit budgétaire
Nous dit qu'il est nécessaire
De supprimer
Quelques dépenses superflues
Il serait temps de réaliser
Qu'en France y'a un peu trop… d'élus

Les compétences du département
Demandent tout simplement
Une commission
Au sein des régions
Plus besoin d'un bataillon
Pour remuer du vent

Les sans-papiers

Les portes des sans-papiers
Ont été défoncées
Quelqu'un rit sur le palier
Rit d'avoir dénoncé

A six heures des inspecteurs
Ont donné l' grand assaut
Tout le monde récupérait
Ce voisin excepté

Toute la nuit il a fait l'guet
Compté entrées sorties
Quel dommage mes chers messieurs
Il en manque au moins deux

Les portes des sans-papiers
Ont été défoncées
Quelqu'un rit sur le palier
Rit d'avoir dénoncé

Aux curieux prosélytes
Vous auriez fait comme moi !
Distribue des bulletins
Oui, c'est un encarté

Les curieux il les invite
Au congrès fin de mois
On parlera dimanche matin
De l'insécurité

Les portes des sans-papiers
Ont été défoncées
Quelqu'un rit sur le palier
Rit d'avoir dénoncé

Les rumeurs

Les rumeurs de nos jeux de cœur
Rumeurs de nos mauvaises humeurs

Chaque jour des rumeurs
Plus vite que les machines à vapeur
Passent d'aigreur à aigreur

Chaque jour des rumeurs
Reviennent nous fendre le cœur
Nous mettre d' mauvaise humeur

Les rumeurs de nos jeux de cœur
Rumeurs de nos mauvaises humeurs

Comme tout le monde, j'écoute
Les magouilleurs les mauvais coucheurs
Je ris des démentis

Comme tout le monde, je lis
Même si je dis que jamais j'achète
Trop souvent je feuillette

Les rumeurs de nos jeux de cœur
Rumeurs de nos mauvaises humeurs

Pourtant, quand la rumeur
Me concerne, si je démens, qui m' croit
Pas de fumée sans feu (prédisent les speakers)

Pourtant quand la rumeur
Me concerne, si j'me tais, qui comprend
Qui ne dit mot n'acquiesce (insistent les aboyeurs)

Français

Ils voulaient vivre dans un pays
Où leurs enfants auraient grandi
Comme des enfants, sans soucis

Mais aucune démocratie
Ne les a accueillis
Pas d'asile politique
Pas d'asile économique

Quelques jours ils furent clandestins
Quelques jours où se joua leur destin
S'ils n'avaient pas été dénoncés
Ils seraient sûrement Français

Ils voulaient vivre dans un pays
Où leurs enfants auraient grandi
Comme des enfants, sans soucis

Séquestrés puis expulsés
On les a retrouvés
Deux jours plus tard dans une gare
Dans les vécés, massacrés

Qu'ils aient cherché la Liberté
Des gens armés n'l'ont pas accepté
Quelques personnes ici les pleurent
Au ministre envoient des fleurs

Ils voulaient vivre dans un pays
Où leurs enfants auraient grandi
Comme des enfants, sans soucis

71

Si t'es friqué

Y'a des concours rien que pour toi
Des promotions rien que pour toi
Sous réserve d'acceptation par le service bancaire
Avis d'imposition ou bulletin de salaire

Si t'es friqué c'est moins cher
Si t'as le beau plumage
T'as droit aux avantages
Dans leurs supers hypers

On ouvre une caisse rien que pour toi
Des bons d'achat rien que pour toi
Pour avancer faut le pass comme ailleurs le passeport
Faut être de la bonne classe qu'la direction adore

Si t'es friqué c'est moins cher
Si t'as le beau plumage
T'as droit aux avantages
Dans leurs supers hypers

On parle encore d'égalité
Mais entre des privilégiés
Les fournisseurs à genoux d'vant les centrales d'achats
Silence des médias qui vivent des pubs de ces gens-là

Si t'es friqué c'est moins cher
Si t'as le beau plumage
T'as droit aux avantages
Dans leurs supers hypers

Publibeurk : publication à compte d'auteur

Tu te réjouis
T'en avais marre d'être refusé
Un comité dit d'lecture t'a dit OUI
Mais tu dois payer !
Si tu crois qu'enfin quelqu'un
Croit en ton bouquin
Qu'enfin quelqu'un de clairvoyant
Reconnaît ton talent
Finalement t'as bien mérité
D'être plumé

Publibeurk
Publication à compte d'auteur
Publibeurk
Ils se déclarent éditeurs
Et font payer les auteurs
Publibeurk
Un peu de rêve avant les cauchemars
Comme un pigeon dans une marre
Publibeurk

Si tous te l'ont dit
Que ton p'tit bouquin ne vaut rien
Et qu'tu préfères les cris d'hypocrisies
Va sur leurs chemins !
S'il le faut pour ton orgueil
Sort ton portefeuille
Mais si tu t'prétends écrivain
On t'appel'ra pantin
Rien qu'leur nom sur la couverture
Tu vas dans l'mur

Comme ils ont du fric
Se payent de la publicité
Mais le nom de leur « honorable pratique »
Il n'est pas noté !
Forcément sur internet
Rien ne les arrête
Je sais que la web vérité
Ils veulent l'exécuter
Pour gagner l'prix du dictateur
Du compte d'auteur

Le rsa à Calcutta

Elle calcula
Qu'à Calcutta
Le Rsa lui suffira
Même après le billet d'avion
En Low cost ça va de soit
Il lui restera oh quelle joie
De quoi vivre sans se soucier du pognon
L'idéal tu vois

Mais elle reçut un coup en plein cœur
Quand le... "convoqueur"
Lui eut dit d'un sourire narquois
Qu'il faut vivre au pays payeur
Etre prêt à l'emploi
Pour garder le rsa

Elle calcula
Qu'le Rsa
Des friqués le claquent pour leur chat
Rien que pour leurs billets d'avion
C'est douze vies de rsa
Qu'ils dépensent les Dupont Lajoie
Pour certains ce sont que des frais de fonction
On sait qu'y a d'la joie

Elle calcula
Qu'à Calcutta
Le Rsa lui suffira
Même après le billet d'avion
En Low cost ça va de soit
Il lui restera oh quelle joie
De quoi vivre sans se soucier du pognon
L'idéal tu vois

Mais elle reçut un coup en plein cœur
Quand le... "convoqueur"
Lui eut dit d'un sourire narquois
Qu'il faut vivre au pays payeur
Etre prêt à l'emploi
Pour garder le rsa

Un pays tellement parfait

Des garagistes siphonnent les réservoirs
Des facteurs se servent dans les colis
Des fonctionnaires des fondés de pouvoir
Collectionnent les congés maladies

Le nom du pays
Je dois le taire
Il se dit démocratie
Protège même la liberté pamphlétaire
Mais comme certains passent des euros dans les paradis
fiscaux
Tout l'monde cherche la faille pour gagner plus en
plumant son travail
En plumant des cobayes

Des caissières oublient certains codes barre
Elles remplissent ainsi bien des placards
Des conseillers généraux régionaux
Ont des amis très très généreux

Le nom du pays
Je dois le taire
Il se dit démocratie
Protège même la liberté pamphlétaire
Mais comme certains passent des euros dans les paradis
fiscaux
Tout l'monde cherche la faille pour gagner plus en
plumant son travail
En plumant des cobayes

Des pharmaciennes passent de fausses ordonnances
Z'arrosent le sable vendu à la tonne
Les plombiers profitent des circonstances
Quand part l'électricien tu carillonnes

Le nom du pays
Je dois le taire
Il se dit démocratie
Protège même la liberté pamphlétaire
Mais comme certains passent des euros dans les paradis
fiscaux
Tout l'monde cherche la faille pour gagner plus en
plumant son travail
En plumant des cobayes

Des sympas

Sous couvert de légitimes revendications
Ils avancent leurs pions
Ils fomentent leurs crimes maléfiques
Leur proie s'appelle République

Des sympas au-dessus de tout soupçon
Qui passent à la télévision
Paralyser la cible
En jouant sur les cordes sensibles

Peu importe la couleur c'est la même odeur
C'est tout pour l'horreur
Dictature de droite ou de gauche
C'est l'humanité qu'on fauche

Des sympas au-dessus de tout soupçon
Qui passent à la télévision
Paralyser la cible
En jouant sur les cordes sensibles

Ils déclarent leur légitimité historique
Ont la rhétorique
Ils vont convaincre bien des naïfs
Qui resteront dans leurs griffes

Des sympas au-dessus de tout soupçon
Qui passent à la télévision
Paralyser la cible
En jouant sur les cordes sensibles

Silences intéressés

Quand ils ont acheté en liquide
Leur bolide
Le concessionnaire a pensé à sa commission
Encore une bonne journée
Faudrait surtout pas la gâcher
Avec une question

Leurs voitures valent plus cher que nos maisons
Ils en sont fiers et les filles leur donnent raison
Ils sont r'm'istes
Tendance traffiquistes

Quand l'fin limier du Trésor Public
Voit qu'le fric
Est forcément arrivé illégalement
Sur le compte des truands
Il prend l'dossier d'un commerçant
C'est bien plus prudent

Leurs voitures valent plus cher que nos maisons
Ils en sont fiers et les filles leur donnent raison
Ils sont r'm'istes
Tendance traffiquistes

Quand ils ont payé en grosses coupures
Z'ont d'l'allure
La vendeuse envieuse s'dit qu'leur femme doit être
heureuse
L'argent n'a pas d'odeur
Tout l'monde applaudit les fraudeurs
Et gloire aux dealers

Leurs voitures valent plus cher que nos maisons
Ils en sont fiers et les filles leur donnent raison
Ils sont r'm'istes
Tendance traffiquistes

Mort comme Félix Faure

Il est mort
Comme Félix Faure
De qui dira-t-on
Il est mort
Comme Félix Faure
Il est mort
Dans l'exercice de ses fonctions

Durant un rendez-vous galant
Monsieur le président
Officiellement en réunion
N'a pas reçu l'absolution

Il est mort
Comme Félix Faure
De qui dira-t-on
Il est mort
Comme Félix Faure
Il est mort
Dans l'exercice de ses fonctions

Qui sera la belle intrigante
Millionnaire remuante
Après l'pont d'or des éditeurs
Pour de ses mémoires la primeur

Il est mort
Comme Félix Faure
De qui dira-t-on
Il est mort
Comme Félix Faure
Il est mort
Dans l'exercice de ses fonctions

1899
Année symbolique
Où l'président d'la République
Meurt d'un rendez-vous érotique

Il est mort
Comme Félix Faure
De qui dira-t-on
Il est mort
Comme Félix Faure
Il est mort
Dans l'exercice de ses fonctions

Ce texte fut écrit bien avant l'envie du Parti Socialiste de présenter DSK pour battre Nicolas Sarkozy en 2012.
Sur twitter, le compte felix_faure « *milite* » pour le retour gagnant, en France, de l'ancien président du FMI.

Les gros poissons et les hameçons

On m'dit d'faire attention
Attention aux gros poissons
D'un coup d'pognon
Ils vont te dévorer
D'un coup d'pognon
Ils vont te dépecer
Ils ont même des avocats
Pour contourner les lois

Mais moi les gros poissons
J'les prends à l'hameçon
L'hameçon de la chanson
Je les mets en rimes
Et ces gens-là ça déprime
J'raconte leurs turpitudes
C'est pas dans les habitudes

J'irai pas faire gnangnan
Du côté du Lac Léman
Et leur pognon
Qu'ils en fassent des torchons
Et leur pognon
N'achète que les gros cons
Pour l'indépendance de la presse
On peut dire une messe

Mais moi les gros poissons
J'les prends à l'hameçon
L'hameçon de la chanson
Je les mets en rimes
Et ces gens-là ça déprime
J'raconte leurs turpitudes
C'est pas dans les habitudes

La décroissance

Même dans verre géant
Quand l'eau tombe goutte à goutte
Elle va déborder ça aucun doute
C'est juste une question de temps

Croissance illimitée
Dans un monde limité
On a beau éviter d'y penser
On sait qu'ça va déborder

La décroissance
C'est la dernière chance
Mais la décroissance
Ça ne plait pas ici-bas
Confort à outrance
Ça plait pas aux électeurs
Donc c'est tous en chœur :
« vive la croissance »
« viva la croissance »

C'est au nom d'un peu d'joie
Qu'on grille not' capital
C'est d'la bêtise caricaturale
Pauvre planète aux abois

Deux mille chaînes de télé
Mais plus d'air respirable
Pour trouver de l'eau buvable
Faudra en décongeler

La décroissance
C'est la dernière chance
Mais la décroissance
Ça plait pas ici-bas
Confort à outrance

Ça plait pas aux électeurs
Donc c'est tous en chœur :
« vive la croissance »
« viva la croissance »

Subventionner : censure déguisée

Bien plus subtil que la censure
Tenez-les par le bout du nez
Suffit d'les subventionner
Et ils raseront les murs

En haut de l'affiche
Des subventionnés
Des petits caniches
Ovationnés
Les insoumis à la niche
Personne vous connaît
Ma chanson ils s'en fichent
Elle sera pas diffusée

Même le président d'une région
Celui d'un Conseil Général
Finance quelques festivals
Distribue des subventions

Quand il faut plaire aux extrêmes
Les installés ont leurs rebelles
Ils se gavent à la gamelle
Et bavent contre le système

En haut de l'affiche
Des subventionnés
Des petits caniches
Ovationnés
Les insoumis à la niche
Personne vous connaît
Ma chanson ils s'en fichent
Elle sera pas diffusée

Pour décerner les subventions
Bien sûr il faut du personnel
C'est au budget culturel
Qu'les amis émargeront

Bien plus subtil que la censure
Tenez-les par le bout du nez
Suffit d'les subventionner
Et ils raseront les murs

En haut de l'affiche
Des subventionnés
Des petits caniches
Ovationnés
Les insoumis à la niche
Personne vous connaît
Ma chanson ils s'en fichent
Elle sera pas diffusée

Censure nouvelle technique

Bien sûr
La censure
N'a plus son ministère
Mais contre la vérité certains sont toujours en guerre
Certaines informations
Jamais ne passeront
Entre les mailles des bonnes relations
Entre les mailles de la soumission

Censure par copinage
Censure par petits avantages
Censure par décoration
Censure par intimidation
Censure par faux et usage de faux
Censure par contrôle de l'info

Bien sûr
La censure
Ne laisse aucune preuve
Mais c'est bien de banalités qu'on nous abreuve
Pour que de petits clans
Restent les tout puissants
Quand les médias vendent leur chemise
C'est la démocratie qui s'enlise

Censure par copinage
Censure par petits avantages
Censure par décoration
Censure par intimidation
Censure par faux et usage de faux
Censure par contrôle de l'info

Formations et subventions

Au nom de la création
Ils vivent de subventions
Naturell'ment ils ont
La grosse berline de fonction

Naturell'ment ils reçoivent
Forcément ils déçoivent
Faut leur faire des dossiers
Qui finiront en casiers

Ils font d'la formation
S'engraissent de subventions
Ils font d'la formation
Ont trouvé l'bon filon

De leur vie ils en sont fiers
Se le disent à chaque bière
Descendue sur le dos
Du cochon de populo

On sait qu'c'est des profiteurs
Sangsues des créateurs
Mais on n'est pas nombreux
A leur chanter dans les yeux

Ils font d'la formation
S'engraissent de subventions
Ils font d'la formation
Ont trouvé l'bon filon

Le piston ou la chance

Faut du piston ou de la chance
Dans le grand jeu de l'audience
Faut plaire aux intermédiaires
Payés par les publicitaires

C'est la chanson française
Des notables le cul sur une chaise
Se partagent les subventions
Et font leurs bonnes actions
Charity bizness à condition
Qu'y'ait la télévision

Top model ou fils à papa
On te présente ces pions-là
Comme les plus grands des talents
Bien sûr ils tutoient un tas de gens

C'est la chanson française
Des notables le cul sur une chaise
Se partagent les subventions
Et font leurs bonnes actions
Charity bizness à condition
Qu'y'ait la télévision

Salon du livre de Brive ou train mondain des écrits vin

Dans un train
Pompeusement proclamé train des écrivains
Des parisiens naturellement très mondains
Au départ presque ou totalement à jeun
Arriveront ivres
A Bri-i-ve

Pour certains
L'attachée de presse s'est empressée le matin
D'expliquer au très cher très notable écrivain
Le contenu du bouquin à dédicacer
Et même à commenter
A la télé

A Brive
On y voit des livres
Mais pas ceux des écrivains
Qu'on dit un peu martiens
Parce qu'ils vivent debout
Et non à genoux
Devant les éditeurs
Devant les distributeurs
Devant les médiatiseurs
Qui eux font leur beurre

Dans un train
Où les écrits sont encore plus vains que le vin
On commente les à-valoir et les pots-de-vin
D'un peu de baratin on s'eni-i-i-vre
On arrive
A Brive

Y'a des drôles
Qui osent parfois proclamer sur des banderoles
Regardez passer le train du cholestérol

Ils mangent dans la main des marchands ces p'tits pantins
A la foire du livre
De Brive

A Brive
On y voit des livres
Mais pas ceux des écrivains
Qu'on dit un peu martiens
Parce qu'ils vivent debout
Et non à genoux
Devant les éditeurs
Devant les distributeurs
Devant les médiatiseurs
Qui eux font leur beurre

Des problèmes de privilégiés

J'ai des problèmes de privilégiés
Je pleure quand on m'a plaqué
Je défile pour le pouvoir d'achat
Et j'me pleins d'la pisse de chat

Occidental
J'occupe ma vie
En p'tits soucis
Sur mon piédestal
J'm'en moque des besoins primaires
Pourtant j'ai mal
Parfois j'me dis « t'exagères »

C'est un scandale les programmes ce soir
Font jamais c'que j'voudrais voir
Il pleut dès que j'veux faire mon jogging
Faudrait changer de living

Occidental
J'occupe ma vie
En p'tits soucis
Sur mon piédestal
J'm'en moque des besoins primaires
Pourtant j'ai mal
Parfois j'me dis « t'exagères »

Vivement les prochaines vacances
Faut baisser le prix d'l'essence
J'veux travailler moins et gagner plus
J'en ai marre de ces gugusses

Occidental
J'occupe ma vie
En p'tits soucis
Sur mon piédestal

J'm'en moque des besoins primaires
Pourtant j'ai mal
Parfois j'me dis « t'exagères »

Les lois du marché de la création

Hé monsieur Utopie faut bien bouffer
On a besoin des miettes qu'ils nous jettent
On voudrait bien créer en toute liberté
Mais les marchands tiennent le marché

Quand tu crées
Tu crées pas pour eux
Et pourtant tu sais
Qu'entre toi et le public
Y'aura les nuisances du fric
Et leur puissance de feu

Si t'es pour eux une très bonne vache à lait
Les marchands te f'ront tête de gondole
Les spéculateurs pourront même t'engraisser
T'auras le label idole

Quand tu crées
Tu crées pas pour eux
Et pourtant tu sais
Qu'entre toi et le public
Y'aura les nuisances du fric
Et leur puissance de feu

Des créateurs et des subventionneurs
Des créateurs et des installés
Des créateurs et des tonnes de profiteurs
Des créateurs parfois rêveurs

Quand tu crées
Tu crées pas pour eux
Et pourtant tu sais
Qu'entre toi et le public
Y'aura les nuisances du fric
Et leur puissance de feu

Il adore le fric

Il venait d'payer ses impôts
Trouvait qu'c'était beaucoup trop
Peut-être qu'une petite voix
Lui rapp'la qu'cet argent-là
Etait gagné en chantant des conn'ries
Sont vraiment trop cons ces frenchies

T'as cru entendre
J'aime mon public
Fallait comprendre
J'adore le fric

Quand soudain un d'ses grands amis
Sans même l'excuse d'une cuite
Sans même un petit shit
Un monsieur très bien parti
Proclame « la France tu l'aimes ou tu la quittes »
Il a compris « JOHNNY VAS-Y »

T'as cru entendre
J'aime mon public
Fallait comprendre
J'adore le fric

La France j'adore ses subventions
J'adore sa télévision
Ses gogos subjugués
Ses supers hypermarchés
La France j'adore quand je suis son idole
Ah qu'c'est mon meilleur rock and roll

T'as cru entendre
J'aime mon public
Fallait comprendre
J'adore le fric

Députés avant et maintenant

Les députés d'avant
On savait à quoi ils servaient
Leurs bons électeurs pouvaient foncer
Vive les excès de vitesse
Vive les conduites en état d'ivresse

Députés rimaient avec illégalité
Depuis la rime s'est asséchée
Députés bien payés à glander
Députés bien payés à papoter
Députés votent comme des moutons
Comme demande le grand patron
Et nous coûtent des millions

Les députés d'avant
On savait à quoi ils servaient
Quand sévissait l'service militaire
Qu'les fistons voulaient pas faire
Ils tendaient l'bras jusqu'au ministère

Députés rimaient avec illégalité
Depuis la rime s'est asséchée
Députés bien payés à glander
Députés bien payés à papoter
Députés votent comme des moutons
Comme demande le grand patron
Et nous coûtent des millions

Les députés d'avant
On savait à quoi ils servaient
Ils avaient leur petite clientèle
Vendaient pas qu'des bagatelles
Permis d'construire paradis fiscal

Députés rimaient avec illégalité
Depuis la rime s'est asséchée
Députés bien payés à glander
Députés bien payés à papoter
Députés votent comme des moutons
Comme demande le grand patron
Et nous coûtent des millions

Le patronat et les cons

Faudra toujours des cons
Pour conduire nos camions
Nos fourgons

Faudra toujours des cons
Pour convoyer nos fonds
Et nos dons

Faudra toujours des cons
Pour remplir les rayons
Surveiller

Faudra toujours des cons
Pour convoquer des pions
Motiver

Pour certains
Pas besoin de bouquins
Le patronat formera sur le tas
Des tas de bras
De cerveaux
Comme il faut
Des tas de bras
Des cerveaux
Comme il faut
Comme il faut

Faudra toujours des cons
Pour sourire à des thons
Réceptions

Faudra toujours des cons
Pour trier les cartons
Soumission

Faudra toujours des cons
Pour conseiller les cons
Les guider
Faudra toujours des cons

Pour compter nos millions
Les placer

Pour certains
Pas besoin de bouquins
Le patronat formera sur le tas
Des tas de bras
De cerveaux
Comme il faut
Des tas de bras
Des cerveaux
Comme il faut
Comme il faut

Faudra toujours des cons
Acclamez vos champions
Acclamez

Faudra toujours des cons
Consommez promotions
Consommez

Faudra toujours des cons
Pour distraire les Ducon
Ricanez

Faudra toujours des cons
Pour surveiller les cons
Policiers

Pour certains
Pas besoin de bouquins
Le patronat formera sur le tas
Des tas de bras
De cerveaux
Comme il faut
Des tas de bras
Des cerveaux
Comme il faut
Comme il faut

Agriculture en France

Au grand jeu des subventions
Et des prêts bonifiés
Les familles qui ont gagné
Sont tranquilles pour trois générations

Et comme ça ne suffit pas
Les terres des nouveaux riches
Il suffit d'les mettre en friches
Et l'Europe vous les financera

Loana peut planter des choux
A la campagne on s'en fout
Chirac la safer et l'Crédit Agricole
Sont leurs idoles
Partis de trois fois rien
Arrivés plus magotés qu'un médecin

Quand les vannes des subventions
Enfin vont se tarir
Ils gagneront des millions
Avec leurs terres terrains à bâtir

Ils gagneront des millions
En plantant du Colza
Vous verrez l'prix qu'on paiera
Quand les biocarburants seront

Loana peut planter des choux
A la campagne on s'en fout
Chirac la safer et l'Crédit Agricole
Sont leurs idoles
Partis de trois fois rien
Arrivés plus magotés qu'un médecin

Si au moins tout était net

101

Qu'le pays était beau
C'était sain dans les assiettes
Ils n'avaient pas tué nos ruisseaux

Le gâteau des terres de France
Comme au temps des seigneurs
Permet bien des arrogances
Tracteurs chasseurs et grands électeurs

Loana peut planter des choux
A la campagne on s'en fout
Chirac la safer et l'Crédit Agricole
Sont leurs idoles
Partis de trois fois rien
Arrivés plus magotés qu'un médecin

Démocratie oligarchie

Soyez un grand sportif
Puis adhérez au parti du Président
Vous aurez droit aux emplois fictifs
Surtout n'ayez aucun tourment
Si la justice ose vous importuner
Vous serez gracié Vous serez gracié
Ou amnistié

Emplois fictifs pour les amis
Commissions pour les amis
Avantages acquis pour les amis
Amnistie présidentielle
Il se dit très très grand ce pays
Très très fier de son modèle

Celui qui vote la loi
Se sent autorisé à quelques passe-droits
Sinon l'pouvoir servirait à quoi ?
Les hommes d'en haut et ceux d'en bas
Même nos ennemis sont nos meilleurs amis
Nous formons une bonne petite confrérie
Oligarchie

Emplois fictifs pour les amis
Commissions pour les amis
Avantages acquis pour les amis
Amnistie présidentielle
Il se dit très très grand ce pays
Très très fier de son modèle

On les a crus

On les a crus nos élus
On les a crus les scientifiques
D'la République
On a même cru nos chers médias
Professionnels du débat

Devine devine
Qui fut roulé dans la farine
Devine devine
Qui profite des rapines
Démocraties qu'on assassine

On les a crues les promesses
On était du peuple qu'on caresse
Lors des grandes messes
Ils instauraient des commissions
Gouvernements de mission

Devine devine
Qui fut roulé dans la farine
Devine devine
Qui profite des rapines
Démocraties qu'on assassine

On les a crus les blablas
Les « c'est juré plus jamais ça »
Comme on aimait ça
On était sous des banderoles
Mais c'n'était qu'un mauvais rôle

Devine devine
Qui fut roulé dans la farine
Devine devine
Qui profite des rapines
Démocraties qu'on assassine

Les ondes nous inondent

C'est un si grand gros marché
Que tous les marchands
Veulent absolument retour sur investissement

Et l'état frigorifié
N'ose légiférer
N'ose appliquer le principe de sécurité

Tout c'qui nuit
Grav'ment
A la santé
N'est pas forcément
Ecrit
Sur le paquet

Ça détruit
Le cœur
Et les oreilles
T'as des insomnies
Ça tape
Sur le cerveau

Les ondes nous inondent
Sonnent sonnent les téléphones mobiles
Font feu pas que sur les villes

Un jour ce s'ront les procès
Tu lis en tout p'tit
Utilisation abusive déconseillée

L'important s'ra d'les gagner
Puisque notre santé
Ça ne se voit pas dans leur compte de résultats

Tout c'qui nuit

Grav'ment
A la santé
N'est pas forcément
Ecrit
Sur le paquet

Leucémies
Mémoires
Avec trous noirs
Troubles neurologiques
Logique
Rime avec fric

Les ondes nous inondent
Sonnent sonnent les téléphones mobiles
Font feu pas que sur les villes

Un jour les Hommes comprendront

Un jour les Hommes comprendront
Ce qu'ils sont
Alors ils sortiront
Des cruelles illusions
Alors ils partiront
Des confortables prisons
Et ils se l'arracheront
Le masque du pion

Un jour les Hommes comprendront
Ce qu'ils sont
Alors ils franchiront
Du grand canyon le pont
Je sais qu'ils comprendront
L'étendue de la raison
Un jour
Les Hommes comprendront
Les Hommes comprendront

C'est ma dernière illusion

Une plante verte

Une plante verte
Dont on change la tête
Une fois par an
Comme c'est marrant
Pour les enfants
Devant leur écran
Ça leur apprend
Le fonctionnement
Du p'tit monde des grands

Une plante verte
Une plante verte
Qu'on présente
Intelligente
L'intelligence
Made in France
En quête de reconnaissance

Une plante verte
Dont on s'dit c'est bête
Qu'pendant un an
Elle a qu'le droit
D'montrer ses bras
Alors qu'c'est pas ça
Qui donnera
Les photos pactole
C'qui couronne son rôle

Une plante verte
Une plante verte
Qu'on présente
Intelligente
L'intelligence
Made in France
En quête de reconnaissance

Si tu zappes
T'as les animaux
L'concours du coin
Les vaches au moins
On leur cache pas
Un bout de leur peau
On peut montrer
En toute liberté
La v'nue du taureau

Une plante verte
Une plante verte
Qu'on présente
Intelligente
L'intelligence
Made in France
En quête de reconnaissance

Ecrivain

Entre les romans du terroir
Et les romans du trottoir
On a du mal à voir
L'écrivain
Qui va son chemin

Ecrivain écrivain
Si ne t'as pas la une du journal
Tu crèves la dalle
Écrivain écrivain
Les illusions perdues / Ça continue

Faut du super sympathique
Ou du merdique médiatique
Faut qu'ce soit bénéfique
Aux marchants
Investissement

Ecrivain écrivain
Si ne t'as pas la une du journal
Tu crèves la dalle
Écrivain écrivain
Les illusions perdues / Ça continue

Un peu du budget d'la culture
Va à la littérature
Mais après les grosses mains
Y'a plus rien
Pour les écrivains

Ecrivain écrivain
Si t'as pas la une du journal
Tu crèves la dalle
Écrivain écrivain
Les illusions perdues / Ça continue

Séquestration des patrons

En tout cas c'est pas nous
Qui avons choisi les règles du jeu
Si tu restes tranquillement au tour du feu
Tes jours de grève tout l'monde s'en fout

Pour sortir du conflit
Ils nous balanceront quelques miettes
C'est quand même mieux que des cacahouètes
On survit on est en sursis

Séquestration des patrons
C'est tout bon pour les télévisions
Séquestrons séquestrons
Nous n' sommes que des pions
Nous montrons que nous existons

En r'gardant leurs écrans
Les grands patrons ont pu voir nos chetrons
Ils s'inquiètent pour leurs stock-options
Doivent maudire tous ces fainéants

Séquestration des patrons
C'est tout bon pour les télévisions
Séquestrons séquestrons
Nous n' sommes que des pions
Nous montrons que nous existons

On nous endort

On nous endort
Avec des chansonnettes
Avec du sensationnel
Et surtout de l'événementiel
On nous endort
Avec le tour de France
Avec des jeux olympiques
Des as de cœur des as de pique

Eveillés,
Serions-nous dangereux ?
Eveillés
Ils fonctionneraient nos yeux
Et on comprendrait
Leur petit jeu

On nous endort
Avec des polémiques
Avec des coupes du monde
Avec des brunes avec des blondes
On nous endort
Avec du pathétique
Des « kiss me » et des « love »
Des chevelus et des chauves

Eveillés,
Serions-nous dangereux ?
Eveillés
Ils fonctionneraient nos yeux
Et on comprendrait
Leur petit jeu

On nous endort
Avec des faux débats
Avec la rentrée sociale

Scandales à la une du journal
On nous endort
Avec la croissance
La stabilité des prix
Sarkozy les taux du crédit

Eveillés,
Serions-nous dangereux ?
Eveillés
Ils fonctionneraient nos yeux
Et on comprendrait
Leur petit jeu

Le seuil de tranquillité

J'ai vécu
Sous le seuil de pauvreté
Puis j'ai connu
Des jours de tranquillité
Là j'ai vu
Comment vivaient
Ceux qui gagnaient toujours plus

Au dessus
Du seuil de tranquillité
Plus tu gagnes plus tu veux gagner
Au seuil de tranquillité
Faut savoir s'arrêter
Savoir s'y maintenir
Sérénité à distance des grands désirs
Au seuil de tranquillité

Consommer
Pas plus que de nécessaire
Les déchirer
Leurs slogans publicitaires
Protéger
Not' coin de terre
Viv' dans la réalité

Travailler
Pour gagner ce qu'il faut
Et s'arrêter
Discerner le vrai du faux
Refuser
Métro boulot
Primes de rentabilités

Au dessus
Du seuil de tranquillité
Plus tu gagnes plus tu veux gagner
Au seuil de tranquillité
Faut savoir s'arrêter
Savoir s'y maintenir
Sérénité à distance des grands désirs
Au seuil de tranquillité

Savoir dire
J'ai ce qu'il me faut tu sais
Savoir sourire
Quand on veut t'impressionner
Et dormir
Sans les p'tits cachets
De ceux qui doivent réussir

J'ai vécu
Sous le seuil de pauvreté
Puis j'ai connu
Des jours de tranquillité
Là j'ai vu
Comment vivaient
Ceux qui gagnaient toujours plus

Au dessus
Du seuil de tranquillité
Plus tu gagnes plus tu veux gagner
Au seuil de tranquillité
Faut savoir s'arrêter
Savoir s'y maintenir
Sérénité à distance des grands désirs
Au seuil de tranquillité

Aimez-vous sans préservatif

Aimez-vous sans préservatif
Mais uniquement
Après une prise de sang
Attendez le résultat, en vous regardant
En vous caressant

Sans préservatif
L'Amour est impératif
Si c'est pour le sport
C'est si pour les corps
Alors du latex encore et encore

Quelques jours en apéritif
On a tout le temps
Quand on s'aime vraiment
Parlez-en sereinement, en vous découvrant
En vous appréciant

Sans préservatif
L'Amour est impératif
Si c'est pour le sport
C'est si pour les corps
Alors du latex encore et encore

Aimez-vous sans préservatif
C'est plus enivrant
De se donner vraiment
On se montre patte blanche, séronégatif
C'est impératif

Sans préservatif
L'Amour est impératif
Si c'est pour le sport
C'est si pour les corps
Alors du latex encore et encore

Dépenser moins pour travailler moins

Dépenser moins
Pour travailler moins
Même si mon astuce
Ne plaît pas aux gugusses

Dépenser moins
Pour vivre un peu plus
Sortir du train-train
R'trouver la joie du bus

Faut d'la croissance
Disent les prospectus
Je cherche du sens
Un peu comme Confucius

Dépenser moins
Pour travailler moins
Même si mon astuce
Ne plaît pas aux gugusses

Je l'ai connue 20 ans plus tard

Je l'ai connue
20 ans plus tard
Elle a voulu
Sortir de son cafard
Elle n'a même pas pu
Me dire *je t'Aime*
Elle est restée
Dans ses problèmes

Elle avait 7 ans
Elle a cru qu'c'était un jeu
Comme il voulait elle a fermé les yeux
Il lui a dit je t'aime
Il l'a déshabillée
Elle a eu mal
Mais elle a pas crié

Elle n'a rien dit
Elle avait peur
Elle a grandi
En refermant son cœur
Elle dit qu'dans sa vie
Toujours il neige
Elle est tombée
Dans des pièges

Elle avait 7 ans
Elle a cru qu'c'était un jeu
Comme il voulait elle a fermé les yeux
Il lui a dit je t'aime
Il l'a déshabillée
Elle a eu mal
Mais elle a pas crié

Je l'ai connue
20 ans plus tard
Elle n'a pas pu
Jouir sans cauchemar
Et je n'ai pas su
Guérir ses scènes
Elle m'a jeté
Pourtant elle m'Aime

Elle avait 7 ans
Elle a cru qu'c'était un jeu
Comme il voulait elle a fermé les yeux
Il lui a dit je t'aime
Il l'a déshabillée
Elle a eu mal
Mais elle a pas crié

On doit toujours y croire

Quand même tes amis ne font plus semblant de soutenir
tes bons plans
Quand les statistiques te préviennent que tu s'ras
forcément perdant
Les portes se ferment les promesses se perdent j'entends le
mauvais vent

On doit tout faire pour y croire
Seuls des miroirs cachent la lumière

Chaque jour rajoute un doute tout indique la déroute
direction
Les miroirs reflètent un désespoir pas un pixel d'illusion
Je prends bien des calmants pourtant la douleur est dans
cette maison

On doit tout faire pour y croire
Seuls des miroirs cachent la lumière

Certains soirs de cafard je craque persuadée que jamais
personne
N'a attendu dans une telle anxiété derrière un téléphone
Je dois attraper le bonheur au vol car nul ne te le donne

Je dois tout faire pour y croire
Seuls des miroirs cachent la lumière

Mac électronique

Des millions d'inscrits
Ils font tout pour que t'en sois aussi
Inscris-toi c'est gratuit
Et les plus belles nanas
Les plus beaux gars
Seront sur ton écran
Comme c'est… tentant
Seront qu'à quelques clics
Comme c'est magique
Mais pour les contacter
Faut sortir ton fric
Faut le payer
Le mac électronique

Mac électronique
Quel beau métier !
Technique bien rodée
Avec la carte bancaire
Plus d'billets à froisser
Aucune main sale à toucher
Le mac électronique
N'en veut qu'au fric
Après c'est plus ses affaires

Mac électronique
Dans les médias n'ont qu'des bonnes critiques
Z'ont la formule tragique
Achètent des pages de pub
Et nous entubent
Faut vivre avec son temps
Comme c'est… charmant
Y'a forcément quelqu'un
Qui te convient
Dans ta ville ou pas loin

Ça mérite bien
Quelques euros
Pour envoyer un mot…

Mac électronique
Quel beau métier !
Technique bien rodée
Avec la carte bancaire
Plus d'billets à froisser
Aucune main sale à toucher
Le mac électronique
N'en veut qu'au fric
Après c'est plus ses affaires

Choisis tes critères
Et comme du bétail en un éclair
Des photos belles tu l'espères
Seront là devant toi
Déjà à toi
Pourquoi pas phantasmer
Copier coller
C'est l'début d'l'aventure
Le disque dur
Pour la réalité
C'est pas toujours sûr
Faudra payer
Le mac électronique

Mac électronique
Quel beau métier !
Technique bien rodée
Avec la carte bancaire
Plus d'billets à froisser
Aucune main sale à toucher
Le mac électronique
N'en veut qu'au fric
Après c'est plus ses affaires

Millions d'connectés
Si demain plus un se laisse plumer
Les macs seront ruinés
Même pour les webs poisons
Anti poison
L'annuaire des pseudos
Tout est... cadeau
Il suffit de s'inscrire
On peut s'écrire
Pas d'pub à la télé
Bon plan à se dire
Ce s'rait pas net
D'payer ces proxénètes

Mac électronique
Quel beau métier !
Technique bien rodée
Avec la carte bancaire
Plus d'billets à froisser
Aucune main sale à toucher
Le mac électronique
N'en veut qu'au fric
Après c'est plus ses affaires

Générations chansons à la con

Avec gnangnan et gnangnon
On croyait avoir touché le fonds
Des chansons à la con
Mais v'la sous-gnangnan et sous-gnangnon

Des chansons à la con
Pour chaque génération
Chansons médiatisées
Pour crétiniser
Cramer c'qui reste de cerveau
Au troupeau
Générations
Chansons à la con

Vingt mots font une chanson
De toute façon ce n'est qu'un bruit de fond
Une déferlante de sons
Lancés comme un savoureux savon

Des chansons à la con
Pour chaque génération
Chansons médiatisées
Pour crétiniser
Cramer c'qui reste de cerveau
Au troupeau
Générations
Chansons à la con

Avec gnangnan et gnangnon
On croyait avoir touché le fonds
Des chansons à la con
Mais v'la sous-gnangnan et sous-gnangnon

Des chansons à la con
Pour chaque génération

Chansons médiatisées
Pour crétiniser
Cramer c'qui reste de cerveau
Au troupeau
Générations
Chansons à la con

Vingt mots font une chanson
De toute façon ce n'est qu'un bruit de fond
Une déferlante de sons
Lancés comme un savoureux savon

Du pain et des bouquins

Qui prétend au nom BOULANGERIE
S'engage à pétrir avec déontologie
C'est pas sûr qu'le pain s'ra bon
Mais au moins on connaît sa composition

Dans le même temps un arnaqueur
Peut sans violer les lois s'installer éditeur
Et facturer leur bouquin
Aux auteurs alléchés par son baratin

Du pain et des bouquins
Mais c'est au pays des héroïnes
Qu'on vous roule dans la farine
Vous balance dans le pétrin
Je bouquine ils combinent
Tu bouquines ils embobinent

Parler d'assainir la profession
Suscite indignation chez notables-éditions
Il faut croire que ces pratiques
Profitent à bien des supports médiatiques

Internet c'est plus d'informations
Mais aussi de la confusion à profusion
Les voleurs ont les moyens
De se présenter comme des types très très biens

Du pain et des bouquins
Mais c'est au pays des héroïnes
Qu'on vous roule dans la farine
Vous balance dans le pétrin
Je bouquine ils combinent
Tu bouquines ils embobinent

Les margoulins sont du pain bénit
Pour les éditeurs spécialistes droits-mini

Ça calme bien des ardeurs
D'entendre « c'est ça ou l'arnaque du compte d'auteur »

Il existe bien une troisième voie
Celle où l'auteur est son propre éditeur par choix
Travailleur indépendant
Ça plait pas aux subventionnés tout puissants

Du pain et des bouquins
Mais c'est au pays des héroïnes
Qu'on vous roule dans la farine
Vous balance dans le pétrin
Je bouquine ils combinent
Tu bouquines ils embobinent

Artisans et tarifs décents

Trouver un artisan dont l'tarif soit décent
On a bien cru enfin pouvoir en trouver un
Mais nos artisans n'ont pas eu besoin
De défiler en BMW
Pour obtenir le soutien des politiciens
Et même des soutiens chez les matraqués

Artisans
Sans concurrent
Artisans
Facilement
Peuvent nous plumer
Nous surfacturer

Trouver un artisan dont l'tarif soit décent
Peut-on faire autrement qu'le payer en liquide
En le remerciant le gros cupide
Ne pas le fâcher sur son train de vie
Sa belle maison ses chevaux ses bolides
Bien sûr il maudit les impôts d'ici

Artisans
Sans concurrent
Artisans
Facilement
Peuvent nous plumer
Nous surfacturer

Trouver un artisan dont l'tarif soit décent
Un plombier polonais un maçon portugais
Un couvreur roumain on en a rêvé
Le carreleur hongrois on n'y a pas droit
Serruriers estoniens vous seriez demandés
Mais au nom de l'emploi nos artisans sont rois

Artisans
Sans concurrent
Artisans
Facilement
Peuvent nous plumer
Nous surfacturer

Le bouclier de dignité

Elle est vieille et elle nous l'annonce
Qu'elle va crever dans la joie
Elle est vieille et elle dénonce
Une dérive dans le n'importe quoi
Elle crache sur les nouveaux guides
De l'armée liberticide

C'est pas parce qu'on participe au grand show
Qu'on est dupes des démagos
Leurs flèches peuvent nous viser
Ils croient même nous toucher
Mais nous avons un bouclier
De dignité

Elle connaît notre République
Des officiels ont sous l' coude
Son bel hommage nécrologique
Récupéreront même des foudres
C'est avec émotion
Qu'ils réciteront baveront

C'est pas parce qu'on participe au grand show
Qu'on est dupes des démagos
Leurs flèches peuvent nous viser
Ils croient même nous toucher
Mais nous avons un bouclier
De dignité

Elle a choisi la provocation
Pour crever toujours vivante
On meurt si souvent d' soumission
Qu'on lui pardonne des rimes décevantes
On sait que vivre debout
C'est courir devant les loups

C'est pas parce qu'on participe au grand show
Qu'on est dupes des démagos
Leurs flèches peuvent nous viser
Ils croient même nous toucher
Mais nous avons un bouclier
De dignité

Travail bye bye

Tout allait pour le mieux
On vivait de peu
Mais l'argent quand même
Est devenu un problème
Elle m'a dit « travaille »
J'lui ai répondu
C'était pour elle inattendu
« bye bye »

Avec « travail »
Dans mon dictionnaire d'anti déprime
Y'a qu'une seule rime
« bye bye »
J'suis plus sur le ring
Du tic tac dring
Travail bye bye...

Vivre ailleurs qu'au travail
Ce s'rait pas normal
Pour les statistiques
Faut des hommes dynamiques
C'est l'économique
Qui doit motiver
Une humanité perroquet
« fric fric »

Avec « travail »
Dans mon dictionnaire d'anti déprime
Y'a qu'une seule rime
« bye bye »
J'suis plus sur le ring
Du tic tac dring
Travail bye bye...

Me v'la seul mais serein
J'n'ai rien mais j'vais bien
J'me lève sans réveil
Souvent après le soleil
Le soir j'me promène
J'parcours les hameaux
Sans prononcer le moindre mot
« zen zen »

Avec « travail »
Dans mon dictionnaire d'anti déprime
Y'a qu'une seule rime
« bye bye »
J'suis plus sur le ring
Du tic tac dring
Travail bye bye

Compositeur et interprète : Stéphane Vazzoler (Vazzo)

Justice j'écris ton nom

On les aime bien les proprios
Mais on a b'soin d'un logement
On vous cass'ra pas l' frigo
Passez si vous avez l' temps

Propriété, ton nom est le plus sacré
Mais suffit d'un pied de biche
Pour viv' comme si on était riche
Justice j'écris ton nom

Tell'ment d' résidences secondaires
Fermées plus d' trois cents jours par an
Y'a même des résidences tertiaires
Ouvertes quelques heures seulement
Et faudrait qu'on vive sous des ponts
Alors qu'elles moisissent leurs maisons
Justice j'écris ton nom

Alors qu'on campait dans l'coin
Des anglais nous ont invités
Ils nous ont dit on part demain
Le lend'main on s'est installé
Les voisins nous ont cru de bonne foi
Qu'on louait sérieusement
Tout s' passa bien durant six mois
Mais les english c'est énervant
Sont revenus avant l' trois août
Virés quasi nus sur la route

Propriété, ton nom est le plus sacré
Mais suffit d'un pied de biche
Pour viv' comme si on était riche
Justice j'écris ton nom

On en a causé aux amis
On s'est créé l'association

134

Pour qu'on donne aux hommes sans logis
Des clés qui ouvrent ces maisons
Ça pourrait s' passer sans menace
Notre idée plait pas aux rapaces
Justice j'écris ton nom

On s' veut des squatters honnêtes
On a des contrats d'occupants
Mais les proprios nous jettent
Alors faut bien faire autrement
La France a trop de maisons vides
Tandis qu' des gens vivent dans les rues
Pas b' soin d' bâtir des pyramides
Mais ils le refusent nos élus
Seraient-ils des propriétaires
De résidences secondaires

Propriété, ton nom est le plus sacré
Mais suffit d'un pied de biche
Pour viv' comme si on était riche
Justice j'écris ton nom

Comment convaincre les proprios
Qu' les fenêtres ouvertes c'est la vie
Qu' le partage c'est encore plus beau
Je te loge à titre gratuit
On invente pas d' nouveau modèle
Sans casser un peu de vaisselle
Justice j'écris ton nom

Propriété, ton nom est le plus sacré
Mais aux hommes sans toit les clés
Des maisons inoccupées
Justice j'écris ton nom

Compositeur et interprète : Blondin - Arrangeur : Vita

Table

Les titres des chansons vertes de Ternoise sont déjà un sujet de réflexion : *il sera trop tard, fruits et légumes aux pesticides, on laisse détruire l'indispensable, les ruisseaux sont asséchés, les tortionnaires de la terre, trier est-ce suffisant ?, slogans stupides veulent sauver la planète...*

Les titres des autres textes engagés sont aussi explicites, de *la bête immonde maquillée* **à** *justice j'écris ton nom* **en passant par** *on est toujours le pov' con de quelqu'un, le rsa à Calcutta, un pays tellement parfait, mort comme Félix Faure, se dire de gauche, les gros poissons et les hameçons, la décroissance, censure nouvelle technique, formations et subventions, le piston ou la chance, des problèmes de privilégiés, il adore le fric, démocratie oligarchie, les ondes nous inondent, générations chansons à la con...*

EAU NON POTABLE

Lavoir
Dalou (Sérignac)

Stéphane Ternoise... un peu plus d'informations

Né en 1968

http://www.ecrivain.pro essaye d'être complet, avec un "blog" (je préfère l'expression "une partie des chroniques"). Mais il ne peut naturellement pas copier coller l'ensemble des textes présentés ailleurs.

http://www.romancier.net

http://www.dramaturge.net

http://www.essayiste.net

http://www.lotois.fr

Les noms de ces sites me semblent explicites...
Le graphisme reste rudimentaire. Tant de choses à faire...

http://www.salondulivre.net le prix littéraire a lancé sa onzième édition. Une réussite d'indépendance. Mais peu visible...

L'ensemble des livres numériques ont vocation à devenir disponibles en papier et réciproquement. Il convient donc de parler de livre au sens fondamental du terme : le contenu, l'œuvre. En juillet 2013, le catalogue numérique de Stéphane Ternoise dépasse la barre naguère inimaginable de la centaine. Il est constitué de romans, pièces de théâtre, essais mais également de photos, qu'elles soient d'art (notion vague) ou documentaires (présentation de lieux, Cahors, Cajarc, Montcuq, Beauregard, Golfech...), publications pour lesquelles l'investissement en papier est impossible, sauf à recourir à l'impression à la demande.

Site officiel : http://www.ecrivain.pro

Présentation des livres essentiels :
http://www.utopie.pro

Chansons vertes et autres textes engagés (l'écologie française en chansons) de Stéphane Ternoise

Dépôt légal à la publication au format ebook du 27 juin 2011.

Imprimé par CreateSpace, An Amazon.com Company pour le compte de l'auteur-éditeur indépendant.
http://www.livrepapier.com

ISBN 978-2-36541-438-8
EAN 9782365414388